卞尺丹几乙し丹卞と

Translated Language Learning

Prince Hyacinth and the Dear Little Princess

Принц Гіацинт і дорога маленька принцеса

Jeanne-Marie Leprince de Beaumont

English / українська

Copyright © 2023 Tranzlaty
All rights reserved
Published by Tranzlaty
ISBN: 978-1-83566-126-0
Original text by Jeanne-Marie Leprince de Beaumont
Le Prince Désir
First published in French in 1756
Taken from The Blue Fairy Book (Andrew Lang)
www.tranzlaty.com

Prince Hyacinth and the Dear Little Princess
Принц Гіацинт і дорога маленька принцеса

***

Once upon a time there lived a king
Жив-був цар
this king was deeply in love with a princess
Цей король був глибоко закоханий у принцесу
but she could not marry anyone
Але вона не могла ні за кого вийти заміж
because she had been enchanted
Тому що вона була зачарована
So the King set out to seek a fairy
Тож король вирушив на пошуки феї
he asked how he could win the Princess's love
він запитав, як йому завоювати любов принцеси
The Fairy said to him, "You know that the Princess has a great cat"
Фея сказала йому: «Ти знаєш, що у Принцеси чудовий кіт»
"she is very fond of this cat"
"Вона дуже любить цю кішку"
"and there is a man she is destined to marry"
«І є чоловік, за якого їй судилося вийти заміж»
"Whoever is clever enough to tread on her cat's tail"
«Хто розумний, щоб наступити на хвіст своєму коту»
"that is the man she will marry"
«Це той чоловік, за якого вона вийде заміж»

he thanked the fairy and left
Він подякував феї і пішов
"this should not be so difficult" the king thought to himself
«Це не повинно бути так складно», — подумав про себе король
he would do more than step on the cat's tail
Він зробить більше, ніж наступить коту на хвіст
he was determined to grind the cat's tail into powder
Він твердо вирішив розтерти котячий хвіст в порошок
soon he went to see the Princess
незабаром він вирушив до принцеси
of course really he wanted to see the cat
Звичайно, він дуже хотів побачити кота
as usual, the cat walked around in front of him
Як завжди, кіт ходив перед ним
he arched his back and miowed
Він вигнув спину і нявкнув
The King took a long step towards the cat
Король зробив довгий крок назустріч коту
and he thought he had the tail under his foot
І він думав, що у нього хвіст під ногою
but the cat made a sudden move

Але кіт зробив різкий рух
and the king trod on nothing but air
І цар не ступав нічого, крім повітря
so it went on for eight days
Так тривало вісім днів
the King began to think the cat knew his plan
Король почав думати, що кіт знає його план
his tail was never still for a moment
Його хвіст ні на мить не завмер

At last, however, the king was in luck
Але нарешті королю пощастило
he had found the cat fast asleep
Він побачив, що кіт міцно спить
and his tail was conveniently spread out
А хвіст у нього був зручно розпростертий
the king did not lose any time before he acted
Король не гаяв часу, перш ніж почати діяти
and he put his foot right on the cat's tail
І він поклав ногу прямо на хвіст кота
With one terrific yell the cat sprang up
З одним жахливим криком кіт підскочив
the cat instantly changed into a tall man
Кіт миттєво перетворився на високого чоловіка
he fixed his angry eyes upon the King
Він спрямував свої гнівні очі на короля
"You shall marry the Princess"
«Ти одружишся з принцесою»
"because you have been able to break the enchantment"
«Тому що ти зміг зламати чари»
"but I will have my revenge"
«Але я помщуся»
"You shall have a son"

«У тебе буде син»
"but you will not have a happy son"
«Але щасливого сина в тебе не буде»
"the only way he can be happy is if finds out that his nose is too long"
«Єдиний спосіб бути щасливим – це якщо дізнається, що його ніс занадто довгий»
"but you can't tell anyone about this"
"Але про це нікому не скажеш"
"if you tell anyone, you shall vanish away instantly"
«Якщо ти скажеш кому-небудь, ти негайно зникнеш»
"and no one shall ever see you or hear of you again"
"І ніхто вже ніколи не побачить тебе і не почує про тебе"
the King was afraid of the enchanter
Король боявся чарівника
but he could not help laughing at this threat
Але він не міг не сміятися з цієї загрози
"If my son has such a long nose, he is bound to see it"
«Якщо у мого сина такий довгий ніс, він обов'язково це побачить»
"unless he is blind" he said to himself
«Якщо він не сліпий», — сказав він сам собі
But the enchanter had already vanished
Але чарівник уже зник
so he did not waste any more time in thinking
Тому він не гаяв більше часу на роздуми
instead he went to seek the Princess
натомість він пішов шукати принцесу
and very soon she consented to marry him
І дуже скоро вона погодилася вийти за нього заміж

the king did not have much from his marriage, however
Однак король не мав багато від свого шлюбу
they had not been married long when the King died
Вони недовго були одружені, коли помер король
and the Queen had nothing left to care for but her little son
і королеві не залишалося нічого, крім її маленького сина
she had called him Hyacinth
вона назвала його Гіацинтом
The little Prince had large blue eyes
У маленького принца були великі блакитні очі
they were the prettiest eyes in the world
Вони були найкрасивішими очима у світі
and he had a sweet little mouth
І в нього був милий маленький ротик
but, alas! his nose was enormous
Але, на жаль! Ніс у нього був величезний,
it covered half his face
Вона закривала половину його обличчя
The Queen was inconsolable when she saw his great nose
Королева була невтішна, коли побачила його великий ніс
her ladies tried to comfort the queen
Її дами намагалися втішити королеву
"it is not really as large as it looks"
«Насправді він не такий великий, як здається»
"it is an admirable Roman nose"
«Це чудовий римський ніс»
"all the great heroes had large noses"
«У всіх великих героїв були великі носи»
The Queen was devoted to her baby

Королева була віддана своїй дитині
and she was pleased with what they told her
І вона була задоволена тим, що вони їй сказали
she looked at Hyacinth again
вона знову подивилася на Гіацинта
and his nose didn't seem so large anymore
І ніс у нього вже не здавався таким великим
The Prince was brought up with great care
Князь виховувався з великою ретельністю
they waited for him to be able to speak
Вони чекали, поки він зможе говорити
and then they started to tell him all sorts of stories:
А потім йому почали розповідати всілякі історії:
"don't trust people with short noses"
«Не довіряйте людям з короткими носами»
"big noses are a sign of intelligence"
«Великі носи – ознака інтелекту»
"short nosed people don't have a soul"
«Коротконосі люди не мають душі»
they said anything they could think of to praise his big nose
Вони говорили все, що тільки могли придумати, щоб похвалити його великий ніс
only those with similar noses were allowed to come near him
Підходити до нього дозволялося лише тим, у кого були схожі носи
the courtiers even pulled their own babies' noses
Придворні навіть смикали власних немовлят за носи
they thought this would get them into favour with the Queen
вони думали, що це принесе їм прихильність королеви

But pulling their noses didn't help much
Але смикати їх за ніс не дуже допомагало
their noses wouldn't grow as big as the prince's
Їхні носи не виросли б такими великими, як у принца
When he grew sensible he learned history
Коли він став розсудливим, то вивчив історію
great princes and beautiful princesses were spoken of
Про великих князів і прекрасних принцес говорили
and his teachers always took care to tell him that they had long noses
А вчителі завжди дбали про те, щоб сказати йому, що у них довгі носи
His room was hung with pictures of people with very large noses
Його кімната була обвішана фотографіями людей з дуже великими носами
and the Prince grew up convinced that a long nose was a thing of beauty
А принц виріс переконаний, що довгий ніс – це краса
he would not have liked to have had a shorter nose
Він не хотів би мати коротший ніс

soon the prince would be twenty
Скоро принцу виповниться двадцять років
so the Queen thought it was time that he got married
тож королева подумала, що настав час одружитися
she brought several portraits of the princesses for him to see
Вона принесла йому кілька портретів принцес
and among the portraits was a picture of the dear little Princess!
а серед портретів була фотографія милої маленької принцеси!

it should be mentioned that she was the daughter of a great king
Слід згадати, що вона була дочкою великого короля
some day she would possess several kingdoms herself
Коли-небудь вона сама стане володаркою кількох королівств
but Prince Hyacinth didn't think so much about this
але принц Гіацинт не так багато думав про це
he was most of all struck with her beauty
Найбільше його вразила її краса
however, she had a little button nose
Однак у неї був маленький носик-ґудзик
but it was was the prettiest nose possible
Але це був найкрасивіший ніс
the courtiers had gotten into a habit of laughing at little noses
У придворних з'явилася звичка сміятися з маленьких носиків
it was very embarrassing when they laughed at the princess' nose
Було дуже ніяково, коли вони сміялися з носа принцеси
the prince did not appreciate this at all
Князь цього зовсім не оцінив
he failed to see the humour in it
Він не побачив у цьому гумору
in fact, he banished two of his courtiers
Фактично він вигнав двох своїх придворних
because they mentioned the princess' little nose
Тому що вони згадали про маленький носик принцеси
The others took this as a warning
Інші сприйняли це як попередження

they learned to think twice before they spoke
Вони навчилися двічі думати, перш ніж говорити
and they one even went so far as to redefine beauty
І вони навіть зайшли так далеко, що переосмислили красу
"a man is nothing without a big fat nose"
«Чоловік ніщо без великого товстого носа»
"but a woman's beauty is very different"
«Але краса жінки зовсім інша»

he knew a learned man who understood Greek
він знав одного вченого чоловіка, який розумів грецьку мову
apparently the beautiful Cleopatra herself had a little nose!
мабуть, у самої красуні Клеопатри був маленький носик!
The Prince gave him a nice present as a reward for the good news
Принц зробив йому гарний подарунок у нагороду за добру новину
he sent ambassadors to her castle
Він відправив послів до її замку
they asked the dear little Princess to marry the prince
вони попросили милу маленьку принцесу вийти заміж за принца
The King, her father, gave his consent
Король, її батько, дав свою згоду
Prince Hyacinth immediately went to meet her
Принц Гіацинт відразу ж вирушив їй назустріч
he advanced to kiss her hand
Він просунувся, щоб поцілувати її руку

but suddenly there was a burst of smoke
Але раптом здійнявся клуб диму
all that were there gasped in astonishment
Всі, хто там був, ахнули від подиву
the enchanter had appeared as suddenly as a flash of lightning
Чарівник з'явився так само раптово, як спалах блискавки
he snatched up the dear little Princess
він схопив дорогу маленьку принцесу
and he whirled her away out of sight!
І він закрутив її геть з очей!

The Prince was left quite inconsolable
Принц залишився зовсім невтішним
nothing could induce him to go back to his kingdom
Ніщо не могло змусити його повернутися до свого царства
he had to find her again
Йому довелося знову її шукати
but he refused to allow any of his courtiers to follow him
Але він не дозволив нікому зі своїх придворних піти за ним
he mounted his horse and rode sadly away
Він сів на коня і сумно поїхав геть
and he let the animal choose which path to take
І він дозволив тварині вибрати, яким шляхом їй іти

he rode all the way to a great valley
Він проїхав усю дорогу до великої долини
he rode across it all day long
Він їхав по ньому цілий день
and all day he didn't see a single house
І за весь день він не побачив жодної хати
the horse and rider were terribly hungry
Кінь і вершник були страшенно голодні
as the night fell, the Prince caught sight of a light
Коли настала ніч, принц побачив світло
it seemed to shine from a cavern
Здавалося, що воно сяє з печери
He rode up to the light
Він під'їхав до світла
there he saw a little old woman
Там він побачив маленьку стареньку жінку

she appeared to be at least a hundred years old
На вигляд їй було не менше ста років
She put on her spectacles to look at Prince Hyacinth
Вона одягла окуляри, щоб подивитися на принца Гіацинта
it was quite a long time before she could secure her spectacles
Минуло досить багато часу, перш ніж вона змогла закріпити свої окуляри
because her nose was very short!
Тому що ніс у неї був дуже короткий!
so when they saw each other they burst into laughter
Тому, коли вони побачили один одного, то розреготалися
"Oh, what a funny nose!" they exclaimed at the same time
«Ой, який смішний ніс!» — вигукнули вони при цьому
"it's not as funny as your nose" said Prince Hyacinth to the Fairy
— Це не так смішно, як твій ніс, — сказав Принц Гіацинт Феї
(because a fairy is what she was)
(бо фея – це те, чим вона була)
"madam, I beg you to leave the consideration of our noses"
"Пані, я прошу вас залишити розгляд наших носів"
"even though your nose is very funny"
«Хоч ніс у тебе дуже смішний»
"be good enough to give me something to eat"
«Будь добрий, щоб дати мені чогось поїсти»
"I had ridden all day and I am starving"
«Я катався цілий день і голодую»
"and my poor horse is starving too"

«І мій бідний кінь теж голодує»
the fairy replied to the prince
Фея відповіла принцу
"your nose really is very ridiculous"
"Твій ніс дійсно дуже смішний"
"but you are the son of my best friend"
«Але ти син моєї найкращої подруги»
"I loved your father as if he had been my brother"
«Я любив твого батька, як свого брата»
"your father had a very handsome nose!"
— У твого батька був дуже гарний ніс!
the prince was baffled at what the fairy said
Принц був збентежений тим, що сказала фея
"what does my nose lack?"
— Чого не вистачає моєму носі?
"Oh! it doesn't lack anything" replied the Fairy
— Ой! їй нічого не бракує, — відповіла Фея
"On the contrary!"
— Навпаки!
"there is too much of your nose!"
— У тебе забагато носа!
"But never mind about noses"
«Але не зважай на носи»
"one can be a very worthy man despite your nose being too long"
«Можна бути дуже гідним чоловіком, незважаючи на те, що твій ніс занадто довгий»
"I was telling you that I was your father's friend"
«Я казав тобі, що я друг твого батька»
"he often came to see me in the old times"
«Він часто приїжджав до мене в старі часи»
"and you must know that I was very pretty in those days"

"І ви повинні знати, що я була дуже гарна в ті дні"
"at least, he used to say so"
"Принаймні, він так говорив"
"the last time I saw him there was a conversation we had"
"Востаннє, коли я бачив його, у нас була розмова"
"I would like to tell you of this conversation"
«Я хотів би розповісти вам про цю розмову»
"I would love to hear it" said the Prince
— Я хотів би це почути, — сказав Принц
"but let us please eat first"
«Але давайте спочатку, будь ласка, поїмо»
"I have not eaten anything all day"
«Я цілий день нічого не їв»
"The poor boy is right" said the Fairy
— Бідний хлопчик має рацію, — сказала Фея
"Come in, and I will give you some supper"
«Заходьте, і я дам вам вечерю»
"while you are eating I can tell you my story"
«Поки ти їси, я можу розповісти тобі свою історію»
"it is a story of very few words"
«Це історія з дуже небагатьох слів»
"because I don't like stories that go on for ever"
«Тому що я не люблю історії, які тривають вічно»
"Too long a tongue is worse than too long a nose"
«Занадто довгий язик гірше, ніж занадто довгий ніс»
"when I was young I was admired for not being a great chatterer"
«Коли я був молодим, мною захоплювалися за те, що я не був великим балакуном»
"They used to tell the Queen, my mother, that it was so"
«Вони казали королеві, моїй мамі, що це так»
"you see what I am now"

«Ти бачиш, який я зараз»
"but I was the daughter of a great king"
«Але я була дочкою великого царя»
My father..."
Мій батько..."
"Your father got something to eat when he was hungry!" interrupted the Prince
«Твій батько мав що їсти, коли був голодний!» — перебив його принц
"Oh! certainly" answered the Fairy
— Ой! неодмінно, — відповіла Фея
"and you also shall have supper too"
"І ви також будете вечеряти"
"I just wanted to tell you..." she continued
— Я просто хотів тобі сказати... Вона продовжила
"But I really cannot listen until I have had something to eat"
«Але я справді не можу слухати, поки не з'їм чогось поїсти»
the Prince was getting quite angry
Князь неабияк розгнівався
but he remembered he had better be polite
Але він пам'ятав, що краще бути ввічливим
he really needed the Fairy's help
йому дуже потрібна була допомога Феї
"in the pleasure of listening to you I might forget my own hunger"
«Слухаючи тебе, я міг би забути про свій голод»
"but my horse cannot understand you"
«Але мій кінь не може зрозуміти тебе»
"he must have some food!"
— Йому треба їсти!
The Fairy was very much flattered by this compliment

Фея була дуже задоволена цим компліментом
and she called to her servants
І вона покликала своїх слуг
"You shall not wait another minute"
«Не чекай ні хвилини»
"you really are very polite"
"Ви дійсно дуже ввічливі"
"and in spite of the enormous size of your nose you are really very nice"
«І, незважаючи на величезні розміри носа, ти дійсно дуже симпатичний»
"curse the old lady!" said the Prince to himself
«Прокляття старої пані!» — сказав сам до себе принц
"she won't stop going on about my nose!"
— Вона не перестане ходити до мого носа!
"it's as if my nose had taken all the length her nose lacks!"
— Наче мій ніс узяв усю довжину, якої не вистачає її носу!
"If I were not so hungry I would leave this chatterpie"
«Якби я не був таким голодним, я б покинув цю балаканину»
"she even thinks she talks very little!"
— Вона навіть думає, що дуже мало говорить!
"why can stupid people not to see their own faults!"
«Чому дурні люди можуть не бачити власних недоліків!»
"That is what happens when you are a princess"
«Ось що відбувається, коли ти принцеса»
"she has been spoiled by flatterers"
«Її зіпсували підлабузники»
"they have made her believe that she is a moderate talker!"

— Вони змусили її повірити, що вона поміркована балакунка!

Meanwhile, the servants were putting the supper on the table
Тим часом слуги ставили вечерю на стіл
the fairy asked them a thousand questions
Фея поставила їм тисячу запитань
the prince found this very amusing
Принцу це здалося дуже кумедним
because really she just wanted to hear herself speak
Тому що насправді вона просто хотіла почути, як вона говорить
there was one maid the prince especially noticed
Була одна служниця, яку принц особливо помітив
she always found a way to praise her mistress's wisdom
Вона завжди знаходила спосіб похвалити мудрість своєї господині
as he ate his supper he thought, "I'm very glad I came here"
Коли він вечеряв, він подумав: "Я дуже радий, що прийшов сюди"
"This shows me how sensible I have been"
«Це показує мені, наскільки я був розсудливим»
"I have never listened to flatterers"
«Я ніколи не слухав підлабузників»
"People of that sort praise us to our faces without shame"
«Такі люди без сорому хвалять нас в обличчя»
"and they hide our faults"
«І вони приховують наші провини»
"or they change our faults into virtues"
"Або вони змінюють наші недоліки на чесноти"

"I will never believe people who flatter me"
«Я ніколи не повірю людям, які лестять мені»
"I know my own defects, I hope"
«Сподіваюся, я знаю свої вади»
Poor Prince Hyacinth really believed what he said
Бідний принц Гіацинт дійсно повірив у свої слова
he didn't know that the people laughed at him
Він не знав, що люди сміються з нього
they praised his nose when they were with him
Вони вихваляли його ніс, коли були з ним
but when he wasn't there, they mocked his nose
Але коли його не було, вони знущалися над його носом
and the Fairy's maid were laughing at her the same way
і служниця Феї так само сміялася з неї
the Prince had seen one of the maids laugh slyly
Принц бачив, як одна з служниць лукаво сміялася
she thought she could do so without the Fairy noticing her
вона думала, що зможе зробити це так, щоб Фея її не помітила
However, he said nothing
Однак він нічого не сказав
and his hunger was beginning to be appeased
І голод його починав вгамовувати
soon the fairy started speaking again
Незабаром фея знову заговорила
"My dear Prince, would you please move a little more that way"
"Мій любий принце, чи не могли б ви, будь ласка, рухатися ще трохи в цьому напрямку"
"your nose casts a very long shadow"
«Твій ніс відкидає дуже довгу тінь»

"I really cannot see what I have on my plate"
«Я справді не бачу, що у мене на тарілці»

the prince proudly obliged the fairy
Принц гордо зобов'язав фею
"Now let us speak of your father"
«А тепер поговоримо про твого батька»
"When I went to his Court he was only a young man"
«Коли я прийшов до його двору, він був ще юнаком»
"but that was some years ago"
"Але це було кілька років тому"
"I have been in this desolate place ever since"
«З того часу я живу в цьому безлюдному місці»
"Tell me what goes on nowadays"
«Розкажи мені, що відбувається сьогодні»
"are the ladies as fond of amusement as ever?"
— Невже дами так само люблять веселощі, як і раніше?
"In my time I saw them at parties every day"
«Свого часу я бачив їх на вечірках щодня»
"Goodness me! what a long nose you have!"
— Боже мій! Який у тебе довгий ніс!»

"I cannot get used to it!"
— Не можу звикнути!
"Please, madam" said the Prince
— Будь ласка, пані, — сказав принц
"I wish you would refrain from mentioning my nose"
«Я б хотів, щоб ти утримався від згадки про мій ніс»
"It cannot matter to you what it is like"
«Для вас не має значення, що це таке»
"I am quite satisfied with it"
"Мене це цілком влаштовує"
"and I have no wish to have a shorter nose"
«І я не хочу мати коротший ніс»
"One must take what one is given"
«Треба брати те, що дано»
"Now you are angry with me, my poor Hyacinth" said the Fairy
— Тепер ти сердишся на мене, мій бідний Гіацинт, — сказала Фея
"I assure you that I didn't mean to vex you"
«Запевняю вас, що я не хотів вас дратувати»
"it is on the contrary; I wished to do you a service"
"Це навпаки; Я хотів зробити тобі послугу"
"I cannot help your nose being a shock to me"
«Я не можу втриматися, щоб твій ніс був для мене шоком»
"so I will try not to say anything about it"
"Тому я постараюся нічого не говорити з цього приводу"
"I will even try to think that you have an ordinary nose"
«Я навіть спробую подумати, що у вас звичайний ніс»
"but I must tell you the truth"
"Але я мушу сказати вам правду"
"you could make three reasonable noses out of your

nose"
«Можна було б зробити з носа три розумні носи»
The Prince was no longer hungry
Князь більше не був голодний
he had grown impatient at the Fairy's continual remarks about his nose
він став нетерплячим від постійних зауважень Феї про його ніс
finally he jumped back upon his horse
Нарешті він скочив на коня
and he rode hastily away
І він квапливо поїхав геть
But wherever he came in his journey he thought the people were mad
Але куди б він не приходив у своїй подорожі, він думав, що люди божеволіють
because they all talked of his nose
Бо всі говорили про його ніс
and yet he could not bring himself to admit that it was too long
І все ж він не міг змусити себе визнати, що це було занадто довго
he was used to always being called handsome
Він звик, що його завжди називали красенем

The old Fairy wished to make the prince happy
Стара Фея побажала зробити принца щасливим
and at last she decided on a suitable plan
І нарешті вона визначилася з відповідним планом
she built a palace made of crystal
Вона побудувала палац з кришталю
and she shut the dear little Princess up in the palace
і вона замкнула дорогу маленьку принцесу в палаці

and she put this palace where the Prince would not fail to find it
і вона поставила цей палац там, де князь не забув його знайти
His joy at seeing the Princess again was extreme
Його радість від того, що він знову побачив принцесу, була надзвичайною
and he set to work with all his might to try to break her prison
І він узявся за роботу з усіх сил, щоб спробувати вирвати її в'язницю
but in spite of all his efforts he failed
Але, незважаючи на всі його зусилля, він зазнав невдачі
he despaired at his situation
Він був у розпачі від свого становища
but perhaps he could at least speak to the dear little Princess
але, можливо, він міг би принаймні поговорити з дорогою маленькою принцесою
meanwhile the princess stretched out her hand
Тим часом принцеса простягла руку
she held her hand out so that he could kiss her hand
Вона простягла руку, щоб він міг поцілувати її руку
he turned his lips in every direction
Він повертав губи на всі боки
but he never managed to kiss the princess' hand
Але він так і не встиг поцілувати руку принцеси
because his long nose always prevented it
Тому що його довгий ніс завжди заважав цьому
For the first time he realized how long his nose really was
Він вперше зрозумів, наскільки довгим насправді був

його ніс
"well, it must be admitted that my nose is too long!"
— Ну, треба визнати, що ніс у мене задовгий!
In an instant the crystal prison flew into a thousand splinters
В одну мить кришталева в'язниця розлетілася на тисячу осколків
and the old Fairy took the dear little Princess by the hand
і стара Фея взяла за руку дорогу маленьку принцесу
"you may disagree with me, if you like"
«Ви можете не погодитися зі мною, якщо хочете»
"it did not do much good for me to talk about your nose!"
— Мені не дуже допомогло говорити про твій ніс!
"I could have talked about your nose for days"
«Я міг би цілими днями говорити про твій ніс»
"you would never have found out how extraordinary it was"
«Ви б ніколи не дізналися, наскільки це було надзвичайно»
"but then it hindered you from doing what you wanted to"
«Але потім це заважало вам робити те, що ви хотіли»
"You see how self-love keeps us from knowing our own defects"
«Ти бачиш, як любов до себе заважає нам пізнати власні вади»
"the defects of the mind, and body"
«Вади розуму й тіла»
"Our reasoning tries in vain to show us our defects"
«Наші міркування марно намагаються показати нам наші вади»

"but we refuse to see our flaws"
«Але ми відмовляємося бачити свої недоліки»
"we only see them when they get in the way"
«Ми бачимо їх лише тоді, коли вони заважають»
now Prince Hyacinth's nose was just like everyone else's
тепер ніс принца Гіацинта був такий самий, як у всіх
he did not fail to profit by the lesson he had received
Він не забув скористатися отриманим уроком
He married the dear little princess
Він одружився з дорогою маленькою принцесою
and they lived happily ever after
І жили вони довго і щасливо,

The End
Кінець

www.tranzlaty.com

www.ingramcontent.com/pod-product-compliance
Lightning Source LLC
Chambersburg PA
CBHW011955090526
44591CB00020B/2781